Rallye Lecture
Année 2023-2024

École Française d'Aberdeen

Classes CE2,CM1 et CM2

2ème place
Médaille d'argent

Maquette : Alex Viougeas
Illustrations : Rémi Saillard

Poèmes de
Robert Desnos

Choisis et présentés par Camille Weil

GALLIMARD JEUNESSE

Avant-propos

Comme l'âme que nul n'a jamais vue quand tout le monde sait qu'il faut la rendre pour mourir, la poésie a autant de définitions qu'il y a de poètes. Autant de définitions auxquelles elle échappe toujours. Sans elle pourtant, la langue se meurt et le poème n'est plus qu'une forme vide, un assemblage de mots que rien ne fait vibrer. Un peu comme une guitare sans cordes. Mallarmé parlera à juste titre d'*aboli bibelot d'inanité sonore*.

Comme le cœur qui aime, qui pleure ou qui rit quand le muscle du même nom se contente de battre le sang, flux reflux, la poésie a ses raisons que la raison ignore, que les enfants, les simples, d'emblée, entendent et dont les savants généralement se détournent comme d'une folle qui ne sait ce qu'elle dit en criant que *la terre est bleue comme une orange* (Paul Éluard). C'est qu'il faut à la poésie pour l'entendre un *œil* qui *écoute*, comme disait Claudel, une oreille qui voit. Une oreille, des yeux plus près du cœur que de la raison, plus près des sens que du sens, et c'est Rimbaud qui voit les voyelles en couleur, Verlaine qui met les nuances en musique.

Comme le vent que rien ne peut soumettre ni réduire, la poésie souffle où elle veut et quand elle veut. C'est *une grâce de la nature*, disait Michaux. Une grâce qui traverse le poète comme une ville ouverte et le fait vibrer jusqu'au fond de son ignorance. C'est ainsi qu'il voit ce qu'il entend et peut sur le papier continuer à son pas, de toute sa lyre, le chemin entrevu de l'autre côté de l'horizon ; c'est ainsi que le poème naît et la joie du lecteur.

GUY GOFFETTE

Chanson

I

■ Les sapins, dans la nuit, pleurent
Et la voix du sort
Appelle à chaque heure
La mort.

II

Sur les dolmens de Bretagne,
Merlin vient le soir,
Quand vals et montagnes
Sont noirs.

III

Et les enfants dans leurs langes
Sanglotent tout bas
Quand le bruit étrange
S'en va.

IV

Tout tremble, mers et nuages...
Libre est l'aquilon,
Et le sombre orage,
Frelon. ◆

15 mai 1916

■ La marchande des quatre saisons
Vend du muguet et des cerises
Pêle-mêle.

Il y a des fleurs au parc Monceau
Y vont jouer les petits garçons
qui portent culottes courtes et larges
et font rouler des cerceaux.

Le soleil avec les cerceaux
joue sur le sable des allées.

Dans un autre parc
Il y a des fleurs en fil de fer
Et des cerceaux en porcelaine.

Y viendront les petits garçons
Jouer à cache-cache.

Les portes du parc des fleurs en fil de fer
et des regrets éternels en papier
Est en tôle de première qualité
Avec un écriteau d'émail bleu :
« ENTREZ SANS FRAPPER. » ◆

Poésie! Ô lapsus

■ Poésie! Ô lapsus.
Tout autour de Paris les collines s'aplanissent
C'est la belle qui vient de finir sa prière.
Les forêts s'ébranlent et s'effilochent en fumée.
Sur chacun de mes ongles il y a une fenêtre
Le rossignol qui craignait la solitude,
c'était l'explorateur
Il marcha durant longtemps.
Au milieu du désert
il trouva un miroir
Mais les oiseaux de l'autre désert
en avaient détruit le tain
L'explorateur c'est un rossignol s'assit
Il collectionne maintenant des coquillages
ce sont des tombeaux
Je me ferai si petit que je rentrerai dans l'un deux
Vous le jetterez à la mer mes amis
Mais si vous prenez le paquebot
Gare à vous! ◆

21 heures le 26-11-22

■ En attendant
en nattant l'attente.
Sous quelle tente?
mes tantes
ont-elles engendré
les neveux silencieux
que nul ne veut sous les cieux
appeler ses cousins
en nattant les cheveux du silence
six lances
percent mes pensées en attendant

◆

Notre paire quiète, ô yeux!
que votre «non», soit sang (t'y fier?)
que votre araignée rie,
que votre vol honteux soit fête (au fait)
sur la terre (commotion).

Donnez-nous, aux joues réduites,
notre pain quotidien.
Part, donnez-nous, de nos œufs foncés
Comme nous part donnons
à ceux qui nous ont offensés.
Nounou laissez-nous succomber à la tentation
et d'aile ivrez vous du mal.

◆

Exhausser ma pensée

Exaucer ma voix

◆

Prisonnier des $\left\{\begin{array}{l}\text{syllabes}\\[1em]\text{mots}\end{array}\right.$ et non des sens;

Pris au nier... ... ...?

$$\text{des cils a bai} \left\{\begin{array}{l}\text{ser}\\[1em]\text{ssés}\end{array}\right.$$

haï
Oh! hais non des sens
mais des FORMES-PRISONS ◆

■ Mes chants sont si peu méchants
Ils ne vont pas jusqu'à Longchamp
Ils meurent avant d'atteindre les champs
Où les bœufs s'en vont léchant
les astres
désastres. ◆

P'oasis

■ Nous sommes les pensées arborescentes qui
  fleurissent sur les chemins des jardins cérébraux.
– Sœur Anne, ma Sainte Anne, ne vois-tu rien
  venir... vers Sainte-Anne?
– Je vois les pensées odorer les mots.
– Nous sommes les mots arborescents qui
  fleurissent sur les chemins des jardins cérébraux.
De nous naissent les pensées.
– Nous sommes les pensées arborescentes qui
  fleurissent sur les chemins des jardins cérébraux.
Les mots sont nos esclaves.
– Nous sommes
– Nous sommes
– Nous sommes les lettres arborescentes qui
  fleurissent sur les chemins des jardins cérébraux.
Nous n'avons pas d'esclaves.
– Sœur Anne, ma sœur Anne, que vois-tu venir
  vers Sainte-Anne?

– Je vois les Pan C
– Je vois les crânes KC
– Je vois les mains DCD
– Je les M
– Je vois les pensées BC et les femmes ME
et les poumons qui en ont AC de l'RLO
poumons noyés des ponts NMI.
Mais la minute précédente est déjà trop AG.
– Nous sommes les arborescences qui fleurissent
  sur les déserts des jardins cérébraux. ♦

Élégant cantique
de Salomé Salomon

■ Mon mal meurt mais mes mains miment
Nœuds, nerfs non anneaux. Nul nord
Même amour mol? mames, mord
Nus nénés nonne ni Nine.

Où est Ninive sur la mammemonde?

Ma mer, m'amis, me murmure :
«nos nils noient nos nuits nées neiges».
Meurt momie! môme : âme au mur.
Néant nié nom ni nerf n'ai-je!

Aime haine
Et n'aime
haine aime
aimai ne

M N
N M
N M
M N ◆

Idéal maîtresse

■ Je m'étais attardé ce matin-là à brosser
les dents d'un joli animal que, patiemment,
j'apprivoise. C'est un caméléon. Cette aimable
bête fuma, comme à l'ordinaire, quelques
cigarettes, puis je partis.

Dans l'escalier je la rencontrai. «Je mauve»,
me dit-elle et tandis que moi-même je cristal
à pleine ciel-je à son regard qui fleuve vers moi.

Or il serrure et, maîtresse! Tu pitchpin qu'a
joli vase je me chaise si les chemins tombeaux.

L'escalier, toujours l'escalier qui
bibliothèque et la foule au bas plus abîme que
le soleil ne cloche.

Remontons! mais en vain, les souvenirs se
sardine! à peine, à peine un bouton tirelire-t-il.
Tombez, tombez! En voici le verdict :
«La danseuse sera fusillée à l'aube en tenue
de danse avec ses bijoux immolés au feu de son
corps. Le sang des bijoux, soldats!»

Eh quoi, déjà je miroir. Maîtresse tu carré noir
et si les nuages de tout à l'heure myosotis, ils
moulins dans la toujours présente éternité. ◆

Un jour qu'il faisait nuit

■ Il s'envola au fond de la rivière.
Les pierres en bois d'ébène les fils de fer en or
    et la croix sans branche.
Tout rien.
Je la hais d'amour comme tout un chacun.
Le mort respirait de grandes bouffées de vide.
Le compas traçait des carrés et des triangles
    à cinq côtés.
Après cela il descendit au grenier.
Les étoiles de midi resplendissaient.
Le chasseur revenait carnassière pleine de
    poissons sur la rive au milieu de la Seine.
Un ver de terre marque le centre du cercle
    sur la circonférence.
En silence mes yeux prononcèrent un bruyant
    discours.
Alors nous avancions dans une allée déserte
    où se pressait la foule.
Quand la marche nous eut bien reposés nous
    eûmes le courage de nous asseoir puis au
    réveil nos yeux se fermèrent et l'aube versa
    sur nous les réservoirs de la nuit.
La pluie nous sécha. ◆

La colombe de l'arche

■ Maudit
soit le père de l'épouse
du forgeron qui forgea le fer de la cognée
avec laquelle le bûcheron abattit le chêne
dans lequel on sculpta le lit
où fut engendré l'arrière-grand-père
de l'homme qui conduisit la voiture
dans laquelle ta mère
rencontra ton père! ◆

14 novembre 1923

Rrose Sélavy

■ 1. Dans un temple en stuc de pomme le pasteur distillait le suc des psaumes.

3. Voyageurs, portez des plumes de paon aux filles de Pampelune.

Question aux astronomes :

6. Rrose Sélavy inscrira-t-elle longtemps au cadran des astres le cadastre des ans ?

7. Ô mon crâne, étoile de nacre qui s'étiole.

8. Au pays de Rrose Sélavy on aime les fous et les loups sans foi ni loi.

9. Suivrez-vous Rrose Sélavy au pays des nombres décimaux où il n'y a décombres ni maux ?

10. Rrose Sélavy se demande si la mort des saisons fait tomber un sort sur les maisons.

11. Passez-moi mon arc berbère, dit le monarque barbare.

Épitaphe :

20. Pourquoi votre incarnat est-il devenu si terne, petite fille, dans cet internat où votre œil se cerna?

21. Au virage de la course au rivage, voici le secours de Rrose Sélavy.

24. Croyez-vous que Rrose Sélavy connaisse ces jeux de fous qui mettent le feu aux joues?

27. Le temps est un aigle agile dans un temple.

28. Qu'arrivera-t-il si Rose Sélavy, un soir de Noël, s'en va vers le piège de la neige et du pôle?

30. Quel hasard me fera découvrir entre mille l'ami plus fugitif que le lézard?

34. Dans le sommeil de Rrose Sélavy il y a un nain sorti d'un puits qui vient manger son pain la nuit.

35. Si le silence est d'or, Rrose Sélavy abaisse
ses cils et s'endort.

Martyre de saint Sébastien :

51. Rrose Sélavy s'étonne que de la contagion
des reliques soit née la religion catholique.

Devise de Rrose Sélavy :

53. Plus que poli pour être honnête
Plus que poète pour être honni.

Épiphanie :

61. Apprenez que la geste célèbre de Rrose
Sélavy est inscrite dans l'algèbre céleste.

66. Beaux corps sur les billards, vous serez
peaux sur les corbillards !

71. Rrose Sélavy au seuil des cieux porte le
deuil des dieux.

81. Rose Sélavy sait bien que le démon du remords ne peut mordre le monde.

Conseil aux catholiques :

88. Au fond d'une mine Rrose Sélavy prépare la fin du monde.

102. À son trapèze, Rrose Sélavy apaise la détresse des déesses.

119. Prométhée moi l'amour.

Définition de la poésie (...) :

137. Les joues des fées se brûlent aux feux de joies.

141. Femmes ! faux chevaux sous vos cheveux de feu.

146. Si vous avez des peines de cœur, amoureux, n'ayez plus peur de la Seine.

149. Jeux de mots jets mous. ♦

J'ai tant rêvé de toi

■ J'ai tant rêvé de toi que tu perds ta réalité.
Est-il encore temps d'atteindre ce corps vivant
et de baiser sur cette bouche la naissance de la
voix qui m'est chère?
J'ai tant rêvé de toi que mes bras habitués, en
étreignant ton ombre, à se croiser sur ma
poitrine ne se plieraient pas au contour de ton
corps, peut-être.

Et que, devant l'apparence réelle de ce qui me
hante et me gouverne depuis des jours et des
années, je deviendrais une ombre sans doute.
Ô balances sentimentales.
J'ai tant rêvé de toi qu'il n'est plus temps sans
doute que je m'éveille. Je dors debout, le corps
exposé à toutes les apparences de la vie et de
l'amour et toi, la seule qui compte aujourd'hui
pour moi, je pourrais moins toucher ton front
et tes lèvres que les premières lèvres et le
premier front venus.
J'ai tant rêvé de toi, tant marché, parlé,
couché avec ton fantôme qu'il ne me reste plus
peut-être, et pourtant, qu'à être fantôme parmi
les fantômes et plus ombre cent fois que
l'ombre qui se promène et se promènera
allégrement sur le cadran solaire de ta vie. ◆

Au petit jour

■ Le schiste éclairera-t-il la nuit blanche du liège?
Nous nous perdrons dans le corridor de minuit
     avec la calme horreur du sanglot qui meurt
Accourez tous lézards fameux depuis l'antiquité
     plantes grimpantes carnivores digitales
Accourez lianes
Sifflet des révoltes
Accourez girafes
Je vous convie à un grand festin
Tel que la lumière des verres sera pareille
     à l'aurore boréale
Les ongles des femmes seront des cygnes étranglés
Pas très loin d'ici une herbe sèche sur le bord
     du chemin ◆

Paroles des rochers

■ La reine de l'azur et le fou du vide passent
    dans un cab
À chaque fenêtre s'accoudent les chevelures
Et les chevelures disent : «À bientôt!»
«À bientôt!» disent les méduses
«À bientôt!» disent les soies
Disent les nacres disent les perles disent
    les diamants
À bientôt une nuit des nuits sans lune
    et sans étoile
Une nuit de tous les littorals et de toutes
    les forêts
Une nuit de tout amour et de toute éternité
Une vitre se fend à la fenêtre guettée
Une étoffe claque sur la campagne tragique
Tu seras seul
Parmi les débris de nacre et les diamants
    carbonisés
Les perles mortes

Seul parmi les soies qui auront été des robes
    vidées à ton approche
Parmi les sillages de méduses enfuies quand
    ton regard s'est levé
Seules peut-être les chevelures ne fuiront pas
T'obéiront
Fléchiront dans tes doigts comme d'irrévocables
    condamnations
Chevelures courtes des filles qui m'aimèrent
Chevelures longues des femmes qui m'aimèrent
Et que je n'aimai pas
Restez longtemps aux fenêtres chevelures !
Une nuit de toutes les nuits du littoral
Une nuit de lustre et de funérailles
Un escalier se déroule sous mes pas et la nuit
et le jour ne révèlent à mon destin que ténèbres
    et échecs
L'immense colonne de marbre le doute soutient
    seule le ciel sur ma tête
Les bouteilles vides dont j'écrase le verre
    en tessons éclatants
Le parfum du liège abandonné par la mer
Les filets des bateaux imaginés par les petites
    filles
Les débris de la nacre qui se pulvérise lentement

Un soir de tous les soirs d'amour et d'éternité
L'infini profond douleur désir poésie amour
    révélation miracle révolution amour l'infini
    profond m'enveloppe de ténèbres bavardes
Les infinis éternels se brisent en tessons
    ô chevelures!
C'était ce sera une nuit des nuits sans lune
    ni perle
Sans même de bouteilles brisées. ◆

Les quatre sans cou

■ Ils étaient quatre qui n'avaient plus de tête,
Quatre à qui l'on avait coupé le cou,
On les appelait les quatre sans cou.

Quand ils buvaient un verre,
Au café de la place ou du boulevard,
Les garçons n'oubliaient pas d'apporter
    des entonnoirs.

Quand ils mangeaient, c'était sanglant,
Et tous quatre chantant et sanglotant,
Quand ils aimaient, c'était du sang.

Quand ils couraient, c'était du vent.
Quand ils pleuraient, c'était vivant,
Quand ils dormaient, c'était sans regret.

Quand ils travaillaient, c'était méchant,
Quand ils rôdaient, c'était effrayant,
Quand ils jouaient, c'était différent,

Quand ils jouaient, c'était comme tout le monde,
Comme vous et moi, vous et nous et tous les autres,
Quand ils jouaient, c'était étonnant.

Mais quand ils parlaient, c'était d'amour.
Ils auraient pour un baiser
Donné ce qui leur restait de sang.

Leurs mains avaient des lignes sans nombre
Qui se perdaient parmi les ombres
Comme des rails dans la forêt.

Quand ils s'asseyaient, c'était plus majestueux
    que des rois
Et les idoles se cachaient derrière leurs croix
Quand devant elles ils passaient droits.

On leur avait rapporté leur tête
Plus de vingt fois, plus de cent fois,
Les ayant retrouvés à la chasse ou dans les fêtes,

Mais jamais ils ne voulurent reprendre
Ces têtes où brillaient leurs yeux,
Où les souvenirs dormaient dans leur cervelle.

Cela ne faisait peut-être pas l'affaire
Des chapeliers et des dentistes.
La gaieté des uns rend les autres tristes.

Les quatre sans cou vivent encore, c'est certain.
J'en connais au moins un
Et peut-être aussi les trois autres.

Le premier, c'est Anatole,
Le second, c'est Croquignole,
Le troisième, c'est Barbemolle,
Le quatrième, c'est encore Anatole.

Je les vois de moins en moins,
Car c'est déprimant, à la fin,
La fréquentation des gens trop malins. ◆

Fête-diable

■ La dernière goutte de vin s'allume au fond
   du verre où vient d'apparaître un château.
Les arbres noueux du bord de la route
   s'inclinent vers le voyageur.
Il vient du village proche,
Il vient de la ville lointaine,
Il ne fait que passer au pied des clochers.
Il aperçoit à la fenêtre une étoile rouge qui bouge,
Qui descend, qui se promène en vacillant
Sur la route blanche, dans la campagne noire.
Elle se dirige vers le voyageur qui la regarde
   venir.
Un instant elle brille dans chacun de ses yeux,
Elle se fixe sur son front.
Étonné de cette lueur glaciale qui l'illumine,
Il essuie son front.
Une goutte de vin perle à son doigt.
Maintenant l'homme s'éloigne et s'amoindrit
   dans la nuit.
Il est passé près de cette source où vous venez
   au matin cueillir le cresson frais,
Il est passé près de la maison abandonnée.
C'est l'homme à la goutte de vin sur le front.

Il danse à l'heure actuelle dans une salle
   immense,
Une salle brillamment éclairée,
Resplendissante de son parquet ciré
Profond comme un miroir.
Il est seul avec sa danseuse
Dans cette salle immense, et il danse
Au son d'un orchestre de verre pilé.
Et les créatures de la nuit
Contemplent ce couple solitaire et qui danse
Et la plus belle d'entre les créatures de la nuit
Essuie machinalement une goutte de vin
   à son front,
La remet dans un verre,
Et le dormeur s'éveille,
Voit la goutte briller de cent mille rubis dans
   le verre
Qui était vide lorsqu'il s'endormit.
La contemple.
L'univers oscille durant une seconde de silence
Et le sommeil reprend ses droits,
Et l'univers reprend son cours
Par les milliers de routes blanches tracées
   par le monde
À travers les campagnes ténébreuses. ◆

Aux sans cou

■ Maisons sans fenêtres, sans portes, aux toits
    défoncés,
Portes sans serrures,
Guillotine sans couperet...
C'est à vous que je parle qui n'avez plus d'oreilles,
Plus de bouche, de nez, d'yeux, de cheveux,
    de cervelle,
Plus de cou.
Vous surgissez d'un pas ferme au détour
    de la rue qui mène à la taverne.
Vous vous attablez, vous buvez, vous buvez sec,
    vous buvez bien,
Et bientôt le vin circule dans vos cœurs, y amène
    une nouvelle vie :
«Qu'as-tu fait de ta perruque?» dit un sans cou
    à un autre sans cou,
Qui se détourne sans mot dire
Et qu'on expulse, et qu'on sort et qu'on traîne
    et qu'on foule aux pieds. «Et toi, qu'as-tu?»
«Je suis celui contre lequel se dressent toutes
    les lois.
Celui que les partis extrêmes appellent encore
    un criminel.

Je suis de droit commun,
Je suis de droit commun, banal comme le four
    où l'on cuisait le pain de nos pères.
Je suis le rebelle de toute civilisation,
L'abject assassin, le vil suborneur de fillettes,
    le satyre,
Le méprisable voleur,
Je suis le traître et je suis le lâche,
Mais il faut peut-être plus de courage
Pour éteindre en soi la moralité des fables
    idiotes
Que pour tenir tête à l'opinion.
(Ce qui n'est déjà pas si mal comme courage.)
Je suis l'insoumis à toutes règles,
L'ennemi de tous les législateurs,
Anarchiste? pas même.
Je suis celui sur lequel pèse l'essieu de n'importe
    quel code,
L'homme aux sens surhumains.
J'annonce le Moïse de demain
Et demain ce Moïse exterminera ceux qui
    me ressemblent,
La dupe éternelle,
Le sans cou,
Et versez-moi du vin, et choquons notre verre.»

Maintenant qu'il a fini de parler,
Je reprends la parole :
«Vous avez le bonjour,
Le bonjour de Robert Desnos, de Robert
    le Diable, de Robert Macaire, de Robert
    Houdin, de Robert Robert, de Robert
    mon oncle,
Et chantez avec moi, tous en chœur, allons,
    la petite dame à droite,
Le monsieur barbu à gauche,
Un, deux, trois :
Vous avez le bonjour,
Le bonjour de Robert Desnos, de Robert le
Diable, de Robert Macaire, de Robert Houdin,
    de Robert Robert, de Robert mon oncle»...
J'en passe et des meilleurs.
Mes sans cou, mes chers sans cou,
Hommes nés trop tôt, éternellement trop tôt,
Hommes qui auriez trempé dans les
    révolutions de demain
Si le destin ne vous imposait de faire
    les révolutions pour en mourir,
Hommes assoiffés de trop de justice,
Hommes de la fosse commune au pied
    du mur des fédérés,

Malgré les balles pointillées autour du cou.
Hommes des enclos ménagés en plein
    cimetière,
Car on ne mélange pas les étendards avec
    les torchons.
On cloue ceux-ci aux hampes,
Et c'est eux qui, humiliés,
Claquent si lamentablement dans le vent
    de l'aube
À l'heure où le couperet en tombant
Fait résonner les échos des Santés éternelles. ◆

Coucou

■ Tout était comme dans une image enfantine.
La lune avait un chapeau claque dont les huit
　　reflets se répercutaient à la surface des étangs,
Un revenant dans un linceul de la meilleure
　　coupe
Fumait un cigare à la fenêtre de son logis,
Au dernier étage d'un donjon
Où la très savante corneille disait la bonne
　　aventure aux chats.
Il y avait l'enfant en chemise perdue dans
　　des sentiers de neige
Pour avoir cherché dans ses souliers l'éventail
　　de soie et les chaussures à hauts talons.
Il y avait l'incendie sur lequel, immenses,
Se détachaient les ombres des pompiers,
Mais, surtout, il y avait le voleur courant,
　　un grand sac sur le dos,

Sur la route blanchie par la lune,
Escorté par les abois des chiens dans
   les villages endormis
Et le caquet des poules éveillées en sursaut.
Je ne suis pas riche, dit le fantôme en secouant
   la cendre de son cigare, je ne suis pas riche
Mais je parie cent francs
Qu'il ira loin s'il continue.
Vanité tout n'est que vanité, répondit la corneille.
Et ta sœur? demandèrent les chats.
Ma sœur a de beaux bijoux et de belles araignées
Dans son château de nuit.
Une foule innombrable de serviteurs
Viennent chaque soir la porter dans son lit.
Au réveil, elle a du nanan, du chiendent,
   et une petite trompette
Pour souffler dedans.
La lune posa son chapeau haut de forme sur
   la terre.
Et cela fit une nuit épaisse
Où le revenant fondit comme un morceau
   de sucre dans du café.
Le voleur chercha longtemps son chemin perdu
Et finit par s'endormir
Et il ne resta plus au-delà de la terre

Qu'un ciel bleu fumée où la lune s'épongeait
le front
Et l'enfant perdue qui marchait dans les étoiles.
Voici ton bel éventail
Et tes souliers de bal,
Le corset de ta grand-mère
Et du rouge pour tes lèvres.
Tu peux danser parmi les étoiles
Tu peux danser devant les belles dames
À travers les massifs de roses célestes
Dont l'une tombe chaque nuit
Pour récompenser le dormeur qui a fait le plus
beau rêve.
Chausse tes souliers et lace ton corset
Mets une de ces roses à ton corsage
Et du rose à tes lèvres
Et maintenant balance ton éventail
Pour qu'il y ait encore sur la terre
Des nuits après les jours
Des jours après les nuits. ◆

Comme

■ Come, dit l'Anglais à l'Anglais, et l'Anglais vient.
Côme, dit le chef de gare, et le voyageur qui vient
dans cette ville descend du train sa valise
     à la main.
Come, dit l'autre, et il mange.
Comme, je dis comme et tout se métamorphose,
     le marbre en eau, le ciel en orange, le vin
     en plaine, le fil en six, le cœur en peine, la peur
     en seine.
Mais si l'Anglais dit as, c'est à son tour de voir
     le monde changer de forme à sa convenance.
Et moi je ne vois plus qu'un signe unique sur
     une carte
L'as de cœur si c'est en février,
L'as de carreau et l'as de trèfle, misère en Flandre,
L'as de pique aux mains des aventuriers.
Et si cela me plaît à moi de vous dire machin,
Pot à eau, mousseline et potiron.
Que l'Anglais dise machin,
Que machin dise le chef de gare,
Machin dise l'autre,
Et moi aussi.
Machin.

Et même machin chose.
Il est vrai que vous vous en foutez
Que vous ne comprenez pas la raison de ce poème.
Moi non plus d'ailleurs.
Poème, je vous demande un peu ?
Poème ? je vous demande un peu de confiture,
Encore un peu de gigot,
Encore un petit verre de vin
Pour nous mettre en train...
Poème, je ne vous demande pas l'heure qu'il est.
Poème, je ne vous demande pas si votre
    beau-père est poilu comme un sapeur.
Poème, je vous demande un peu... ?

Poème, je ne vous demande pas l'aumône,
Je vous la fais.
Poème, je ne vous demande pas l'heure qu'il est,
Je vous la donne.
Poème, je ne vous demande pas si vous allez bien,
Cela se devine.
Poème, poème, je vous demande un peu...
Je vous demande un peu d'or pour être heureux
    avec celle que j'aime. ◆

Baignade

■ Où allez-vous avec vos tas de carottes?
Où allez-vous, nom de Dieu?
Avec vos têtes de veaux
Et vos cœurs à l'oseille?
Où allez-vous? Où allez-vous?

Nous allons pisser dans les trèfles
Et cracher dans les sainfoins.

Où allez-vous avec vos têtes de veaux?
Où allez-vous avec embarras?
Le soleil est un peu liquide
Un peu liquide cette nuit.
Où allez-vous, têtes à l'oseille?

Nous allons pisser dans les trèfles
Et cracher dans les sainfoins.

Où allez-vous? Où allez-vous
À travers la boue et la nuit?
Nous allons cracher dans les trèfles
Et pisser dans les sainfoins.

Avec nos airs d'andouilles
Avec nos becs-de-lièvre
Nous allons pisser dans les trèfles.

Arrêtez-vous. Je vous rejoins.
Je vous rattrape ventre à terre
Andouilles vous-mêmes et mes copains
Je vais pisser dans les trèfles
Et cracher dans les sainfoins.

Et pourquoi ne venez-vous pas?
Je ne vais pas bien, je vais mieux.
Cœurs d'andouilles et couilles de lions!
Je vais pisser, pisser avec vous
Dans les trèfles
Et cracher dans les sainfoins.
Baisers d'après minuit vous sentez la rouille
Vous sentez le fer, vous sentez l'homme
Vous sentez! Vous sentez la femme.
Vous sentez encore mainte autre chose :
Le porte-plume mâché à quatre ans
Quand on apprend à écrire,

Les cahiers neufs, les livres d'étrennes
Tout dorés et peints d'un rouge
Qui poisse et saigne au bout des doigts.
Baisers d'après minuit,
Baignades dans les ruisseaux froids
Comme un fil de rasoir. ♦

Les sources de la nuit

■ Les sources de la nuit sont baignées de lumière.
C'est un fleuve où constamment
boivent des chevaux et des juments de pierre
en hennissant.

Tant de siècles de dur labeur
aboutiront-ils enfin à la fatigue qui amollit
   les pierres?
Tant de larmes, tant de sueur,
justifieront-ils le sommeil sur la digue?

Sur la digue où vient se briser
le fleuve qui va vers la nuit,
où le rêve abolit la pensée.
C'est une étoile qui nous suit.

À rebrousse-poil; à rebrousse-chemin,
Étoile, suivez-nous, docile,
et venez manger dans notre main,
Maîtresse enfin de son destin
et de quatre éléments hostiles. ◖

Les gorges froides

À Simone

■ À la poste d'hier tu télégraphieras
que nous sommes bien morts avec les hirondelles.
Facteur triste facteur un cercueil sous ton bras
va-t'en porter ma lettre aux fleurs à tire d'elle.

La boussole est en os mon cœur tu t'y fieras.
Quelque tibia marque le pôle et les marelles
pour amputés ont un sinistre aspect d'opéras.
Que pour mon épitaphe un dieu taille ses grêles!

C'est ce soir que je meurs, ma chère Tombe-Issoire,
ton regard le plus beau ne fut qu'un accessoire
de la machinerie étrange du bonjour.

Adieu! Je vous aimai sans scrupule et sans ruse,
ma Folie-Méricourt, ma silencieuse intruse.
Boussole à flèche torse annonce le retour. ◆

Une ville

■ Dans la ville où l'on pend le diable par les cornes
Dans la ville ouverte et fermée
Dans la ville où l'on tient comptoir pour tous
   les désirs

Dans la ville sans feu ni lieu
Dans la ville sans foi ni loi
Dans la ville sans fieux

Dans la ville où l'on s'amuse
Dans la ville où l'on pleure à froides larmes
Dans la ville d'onze heures
Je ne sais pas très bien ce qui se passe
Car je n'y suis pas encore allé. ◆

Bouquet

■ Trois pensées trois coquelicots trois soucis
Trois soucis trois roses trois œillets
Les trois roses pour mon amie
Les trois œillets pour mon ami
Les trois coquelicots pour la petite fille si triste
Les trois pensées pour mon ami
Les trois soucis pour moi. ◆

Chantepleure

■ Chantecaille fleur des rues
Chantepie fleur des bois
Chanteloup fleur des eaux
Chantamour fleur des nuits
Chantemort fleur des pois
Pleurivresse fruit de l'aube
Pleurétreinte fruit des yeux
Pleuraccueil fruit des mains
Pleurémoi fruit des lèvres
Pleurez-moi fruit du temps. ◆

La petite Gertrude

■ Aujourd'hui n'est pas mi-carême
Ni mardi gras
Pourtant la petite Gertrude met des bas bleus.

Elle met des bas bleus sur ses jambes
Sont-elles jolies ?
La soie est-elle assez fine ?

Elle met des bas bleus aujourd'hui
Elle n'en mettra pas demain
Car elle n'en a qu'une paire de cette couleur

Et nous devons penser, lui faire l'honneur de croire
Qu'une femme comme elle change de bas
Comme de chemise. ◆

Pas vu ça

■ Pas vu la comète
Pas vu la belle étoile
Pas vu tout ça

Pas vu la mer en flacon
Pas vu la montagne à l'envers
Pas vu tant que ça

Mais vu deux beaux yeux
Vu une belle bouche éclatante
Vu bien mieux que ça ◆

Un conte

■ Le petit poucet perd une multitude de clefs
    dans le sentier ténébreux de la forêt
Voilà pourquoi tant de portes se ferment
Pourquoi votre porte est fermée

Frappe à la porte à la fenêtre
Une lueur se promène de la cave au grenier
On entend le souffle de votre sommeil

Êtes-vous prisonnière dans votre maison?
Les ténèbres de la forêt ne vous appellent-
    elles pas?
La clef des champs est perdue
alors forcez la serrure

Réveillez-vous
Ne respirez plus si tranquillement
Mais surtout
surtout éteignez cette lumière
qui se promène quand vous dormez
qui se promène de la cave au grenier ◖

Le loup

■ Le loup n'a plus les dents longues
au temps des aubépines
Les yeux lueurs de brasier
Éclatantes étoiles
Figures de lac et de torrent
Neige forêt
Et sur tout cela comme dans les images
La zébrure d'un ruisseau de sang
Un traîneau fuyant au loin vers les forêts
La voix d'une petite fille
Loup y es-tu n'y es-tu pas
au temps des aubépines
au temps des pommes de pin. ◆

L'oiseau mécanique

■ L'oiseau tête brûlée
Qui chantait la nuit
Qui réveillait l'enfant
Qui perdait ses plumes dans l'encrier

L'oiseau pattes de 7 lieues
Qui cassait les assiettes
Qui dévastait les chapeaux
Qui revenait de Suresnes

L'oiseau l'oiseau mécanique
A perdu sa clef
Sa clef des champs
Sa clef de voûte

Voilà pourquoi il ne chante plus ◆

Le beau jardin

■ au milieu du jardin se dresse la volière
où des toucans criards raillent les perroquets
et dans la tour en ruine accablée sous le lierre
Les yeux ronds d'un hibou allument des quinquets

Quand il fait jour dans les allées un éléphant
Mécanique s'agite avec des pas d'homme ivre
La biche avec audace y précède son faon
Et l'heure sur l'horloge est lente à se survivre

L'arôme du café flotte dans la cuisine
où le feu ronfle et chante au ventre du fourneau
où le couteau planté dans le beurre s'incline
vers l'oignon parfumé et le pain de gruau

> C'est une carte postale
> qui arrive de très loin
> Voyageur boucle ta malle
> Et repars sur ton chemin

adieu volière jardin
que l'on parcourut en rêve
Redonnez-moi mon gourdin
Il est l'heure, marche ou crève

Chantant la gloire des blondes
s'en vont les gais chemineaux
Les trains sifflent par le monde
Sur la mer vont les bateaux

Mais vous en verrez bien d'autres
Des villes aux toits d'acier
Des vins qui vaudront le nôtre
Flatteront votre gosier

Mais quel est donc votre nom
Ce nom est celui d'une autre
ne disant ni oui ni non
vous ne saurez pas le nôtre

En arrivant à l'étape
Demandez à l'hôtelier
De vous mettre sur la nappe
Le bon vin de son cellier

Si vous renversez le verre
vous en boirez un second
Et quitte à rouler par terre
vous viderez le flacon

Tandis que le jardin peuplé de beaux oiseaux
Dormira sous la lune et l'ombre des glycines
En mêlant au parfum des fleurs sous les arceaux
L'arôme du café sortant de la cuisine ◆

À l'aube

■ Le matin s'écroule comme une pile d'assiettes
En milliers de tessons de porcelaines et d'heures
Et de cailloux
Et de cascades
Jusque sur le zinc de ce bistrot très pauvre
Où les étoiles persistent dans la nuit du café.

Elle n'est pas pauvre
Celle-là, dans sa robe de soirée souillée de boue,
Mais riche des réalités du matin,
De l'ivresse de son sang
Et du parfum de son haleine que nulle insomnie
　ne peut altérer.

Riche d'elle-même et de tous les matins
Passés, présents et futurs,
Riche d'elle-même et du sommeil qui la gagne
Du sommeil rigide comme un acajou
Du sommeil et du matin et d'elle-même

Et de toute sa vie qui ne se compte
Que par matinées, aubes éclatantes,
Cascades, sommeils,
Nuits vivantes.

Elle est riche,
Même si elle tend la main
Et doit dormir au frais matin
Dans sa robe crottée
Sur un lit de désert. ◆

Rosalie

■ La petite Rosalie peigne ses cheveux odorants
Le vent le vent passe à travers les rideaux de tulle
La petite Rosalie n'a ni amie ni amant
Le vent le vent s'attelle à la charrue du houx

La petite Rosalie joue à la marelle
Le vent le vent gonfle la voile des navires
La petite Rosalie n'a pas de chance au jeu
Le vent le vent se met en boule et fait ron-ron

La petite Rosalie passe ainsi tous ses jours
Le vent le vent s'épuise aux tôles des
    cheminées
La petite Rosalie chantonne une chanson pas
    bien gaie
Le vent le vent change de nom et de direction

Avant l'hiver c'était l'automne
Avant l'automne l'été et le printemps
La petite Rosalie deviendra la vieille Rosalie
Le vent le vent soufflera sur ses engelures

La vieille Rosalie décomptera ses amours
Le vent le vent se fatiguera aux éternelles
    semailles
La vieille Rosalie enfin mourra
Le vent le vent soufflera sur son tombeau

Et qu'est-ce que cela peut bien nous faire. ◆

Couchée

■ À droite, le ciel, à gauche, la mer.
Et devant les yeux, l'herbe et ses fleurs.
Un nuage, c'est la route, suit son chemin vertical
Parallèlement à l'horizon de fil à plomb,
Parallèlement au cavalier.
Le cheval court vers sa chute imminente
Et cet autre monte interminablement.
Comme tout est simple et étrange.
Couchée sur le côté gauche,
Je me désintéresse du paysage
Et je ne pense qu'à des choses très vagues,
Très vagues et très heureuses,
Comme le regard las que l'on promène
Par ce bel après-midi d'été
À droite, à gauche,
De-ci, de-là,
Dans le délire de l'inutile. ◆

Littérature

■ Je voudrais aujourd'hui écrire de beaux vers
Ainsi que j'en lisais quand j'étais à l'école
Ça me mettait parfois les rêves à l'envers
Il est possible aussi que je sois un peu folle

Mais compter tous ces mots accoupler ces syllabes
Me paraît un travail fastidieux de fourmi
J'y perdrais mon latin mon chinois mon arabe
Et même le sommeil mon serviable ami

J'écrirai donc comme je parle et puis tant pis
Si quelque grammairien surgi de sa pénombre
Voulait me condamner avec hargne et dépit
Il est une autre science où je peux le confondre. ◆

Conte de fée

■ Il était un grand nombre de fois
Un homme qui aimait une femme
Il était un grand nombre de fois
Une femme qui aimait un homme
Il était un grand nombre de fois
Une femme et un homme
Qui n'aimaient pas celui et celle qui les aimaient

Il était une fois
Une seule fois peut-être
Une femme et un homme qui s'aimaient ◆

Le nuage

■ Le nuage dit à l'indien :
« Tire sur moi tes flèches,
Je ne sentirai rien. »

« C'est vrai, rien ne t'ébrèche,
Répond le sauvage,
Mais vois mes tatouages !
Rien de pareil sur les nuages. » ◆

Couplets de la rue Saint-Martin

■ Je n'aime plus la rue Saint-Martin
Depuis qu'André Platard l'a quittée.
Je n'aime plus la rue Saint-Martin,
Je n'aime rien, pas même le vin.

Je n'aime plus la rue Saint-Martin
Depuis qu'André Platard l'a quittée.
C'est mon ami, c'est mon copain.
Nous partagions la chambre et le pain.
Je n'aime plus la rue Saint-Martin.

C'est mon ami, c'est mon copain.
Il a disparu un matin
Ils l'ont emmené, on ne sait plus rien.
On ne l'a plus revu dans la rue Saint-Martin.

Pas la peine d'implorer les saints,
Saints Merri, Jacques, Gervais et Martin,
Pas même Valérien qui se cache sur la colline.
Le temps passe, on ne sait rien.
André Platard a quitté la rue Saint-Martin. ◆

1942

Couplet de la rue de Bagnolet

■ Le Soleil de la rue de Bagnolet
N'est pas un soleil comme les autres.
Il se baigne dans le ruisseau,
Il se coiffe avec un seau,
Tout comme les autres,
Mais, quand il caresse mes épaules,
C'est bien lui et pas un autre,
Le soleil de la rue de Bagnolet
Qui conduit son cabriolet
Ailleurs qu'aux portes des palais
Soleil, soleil ni beau ni laid,
Soleil tout drôle et tout content,
Soleil de la rue de Bagnolet,
Soleil d'hiver et de printemps,
Soleil de la rue de Bagnolet,
Pas comme les autres. ◆

1942

Couplet du trottoir d'été

■ Couchons-nous sur le pavé,
Par le soleil chauffé, par le soleil lavé,
Dans la bonne odeur de poussière
De la journée achevée.
Avant la nuit levée,
Avant la première lumière
Et nous guetterons dans le ruisseau
Les reflets des nuages en assaut,
Le coup de sang de l'horizon
Et la première étoile au-dessus des maisons. ◆

Au temps des donjons

■ As-tu déjà perdu le mot de passe?

Le château se ferme et devient prison,
La belle aux créneaux chante sa chanson
Et le prisonnier gémit dans l'in pace.
Retrouveras-tu le chemin, la plaine,
La source et l'asile au cœur des forêts,
Le détour du fleuve où l'aube apparaît,
L'étoile du soir et la lune pleine?
Un serpent dardé vers l'homme s'élance,
L'enlace, l'étreint entre ses anneaux,
La belle soupire au bord des créneaux,
Le soleil couchant brille sur les lances,
L'âge sans retour vers l'homme jaillit,
L'enlace, l'étreint entre ses années.
Amours! Ô saisons! Ô belles fanées!
Serpents lovés à l'ombre des taillis. ◆

1942

Fenêtre

■ Par une fenêtre jaune d'or
Entrent la pomme et l'ananas
L'insecte et le poisson
L'oiseau et l'ombre

Pas la peine de faire tant de nuit
Sur un plat de légumes exotiques
Le bateau à voiles sorti d'un autre âge
Ira quand même à bon port

À bon port et à merci
À bon port et à son corps défendant
Un cri n'ayant jamais cassé quatre pattes
À un fauteuil. ◆

Ohé de la vallée

■ Au détour du sentier dans la montagne
La carcasse du mulet mort l'autre année
Sous la charge trop lourde qu'il portait
Achève de blanchir sous le soleil de plomb.

Le parfum du thym et le bourdonnement
   des insectes
Emplissent l'air jusqu'à l'ivresse du passant
Qui sent le temps hésiter à poursuivre sa route
Et le monde vaciller dans la chaleur.

Dans la vallée, au bas des pentes escarpées,
Des mules passent en trottant
Le bruit de leurs grelots et de leurs fers.

Dans la cour d'une ferme des hommes entourent
La brebis qui vient de mettre bas
Et l'un d'eux lève vers le ciel un agneau étonné
   de vivre ◆

Cheval

■ Cheval de fer et de fumier, mâcheur de paille,
Cheval jailli de la tempête et du dégel,
Agite le panache à ton front blanc de sel
Et, d'un train paresseux, mène les funérailles.

Car on conduit en terre au soir de la bataille
Un être. Qui est-il? il est mort et le ciel
Montre sa trame et ses accrocs et ses tunnels
Et se retourne et se déchire et tonne et bâille.

Pas de nom sur la tombe où pourrira ce mort,
Pas de légende où faire un jour vivre ce corps
Rien que l'oubli, si l'oubli peut avec la haine

Se concilier, et si, sans visage et sans nom
Ce mort reste un exemple et si, jusqu'aux canons
Enfoncé, le cheval le cloue en sa géhenne. ◆

Le miroir et le monde

■ Chaque jour de ses dents aiguës
Le temps déchire un peu le tain
De ce miroir et restitue
À l'espace un nouveau butin

La lèpre marque le visage
Et masque un regard qui s'éteint
Las et las de se reconnaître
Chaque soir et chaque matin

Le paysage apparaissant
Avec son ciel et son lointain
Libère un reflet et invite
Narcisse à vivre l'incertain
Le limpide, le beau voyage
Entre le soir et le matin ◆

La rivière

■ D'un bord à l'autre bord j'ai passé la rivière,
Suivant à pied le pont qui la franchit d'un jet
Et mêle dans les eaux son ombre et son reflet
Au fil bleu par le savon des lavandières.

J'ai marché dans le gué qui chante à sa manière.
Étoiles et cailloux sous mes pas le jonchaient.
J'allais vers le gazon, j'allais vers la forêt
Où le vent frissonnait dans sa robe légère.

J'ai nagé. J'ai passé, mieux vêtu par cette eau
Que par ma propre chair et par ma propre peau.
C'était hier. Déjà l'aube et le ciel s'épousent.

Et voici que mes yeux et mon corps sont pesants,
Il fait clair et j'ai soif et je cherche à présent
La fontaine qui chante au cœur d'une pelouse. ◆

La prophétie

■ D'une place de Paris jaillira une si claire fontaine
Que le sang des vierges et les ruisseaux des glaciers
Près d'elle paraîtront opaques.
Les étoiles sortiront en essaim de leurs ruches
    lointaines
Et s'aggloméreront pour se mirer dans ses eaux
près de la Tour Saint-Jacques.

D'une place de Paris jaillira une si claire fontaine
Qu'on viendra s'y baigner, en cachette, dès l'aurore.
Sainte Opportune et ses lavandières seront ses
    marraines
Et ses eaux couleront vers le sud venant du nord.

Un grand marronnier rouge fleurit à la place
Où coulera la fontaine future,
Peut-être dans mon grand âge
Entendrai-je son murmure :

Or le chant est si doux de la claire fontaine
Qu'il baigne déjà mes yeux et mon cœur.
Ce sera le plus bel affluent de la Seine,
Le gage le plus sûr des printemps à venir,
    de leurs oiseaux et de leurs fleurs. ◖

La ville

■ Se heurter à la foule et courir par les rues,
Saisi en plein soleil par l'angoisse et la peur,
Pressentir le danger, la mort et le malheur,
Brouiller sa piste et fuir une ombre inaperçue,

C'est le sort de celui qui, rêvant en chemin,
S'égare dans son rêve et se mêle aux fantômes,
Se glisse en leur manteau, prend leur place
    au royaume
Où la matière cède aux caresses des mains.

Tout ce monde est sorti du creux de sa cervelle.
Il l'entoure, il le masque, il le trompe, il l'étreint,
Il lui faut s'arrêter, laisser passer le train
Des créatures nées dans un corps qui chancelle.

Nausée de souvenirs, regrets des soleils veufs,
Résurgence de source, écho d'un chant de brume,
Vous n'êtes que scories et vous n'êtes qu'écume.
Je voudrais naître chaque jour sous un ciel neuf. ◆

Le paysage

■ J'avais rêvé d'aimer. J'aime encor mais l'amour
Ce n'est plus ce bouquet de lilas et de roses
Chargeant de leurs parfums la forêt où repose
Une flamme à l'issue de sentiers sans détour.

J'avais rêvé d'aimer. J'aime encor mais l'amour
Ce n'est plus cet orage où l'éclair superpose
Ses bûchers aux châteaux, déroute, décompose,
Illumine en fuyant l'adieu du carrefour.

C'est le silex en feu sous mon pas dans la nuit,
Le mot qu'aucun lexique au monde n'a traduit
L'écume sur la mer, dans le ciel ce nuage.

À vieillir tout devient rigide et lumineux,
Des boulevards sans noms et des cordes sans
    nœuds.
Je me sens me roidir avec le paysage. ◆

La voix

■ Une voix, une voix qui vient de si loin
Qu'elle ne fait plus tinter les oreilles,
Une voix, comme un tambour, voilée
Parvient pourtant, distinctement, jusqu'à nous.

Bien qu'elle semble sortir d'un tombeau
Elle ne parle que d'été et de printemps,
Elle emplit le corps de joie,
Elle allume aux lèvres le sourire.

Je l'écoute. Ce n'est qu'une voix humaine
Qui traverse les fracas de la vie et des batailles,
L'écroulement du tonnerre et le murmure des
    bavardages.

Et vous ? ne l'entendez-vous pas ?
Elle dit « La peine sera de peu de durée »
Elle dit « La belle saison est proche ».

Ne l'entendez-vous pas ? ◆

L'épitaphe

■ J'ai vécu dans ces temps et depuis mille années
Je suis mort. Je vivais, non déchu mais traqué.
Toute noblesse humaine étant emprisonnée
J'étais libre parmi les esclaves masqués.

J'ai vécu dans ces temps et pourtant j'étais libre.
Je regardais le fleuve et la terre et le ciel
Tourner autour de moi, garder leur équilibre
Et les saisons fournir leurs oiseaux et leur miel.

Vous qui vivez qu'avez-vous fait de ces fortunes ?
Regrettez-vous les temps où je me débattais ?
Avez-vous cultivé pour des moissons communes ?
Avez-vous enrichi la ville où j'habitais ?

Vivants, ne craignez rien de moi, car je suis mort.
Rien ne survit de mon esprit ni de mon corps. ◆

Le legs

■ Et voici, Père Hugo, ton nom sur les murailles !
Tu peux te retourner au fond du Panthéon
Pour savoir qui a fait cela. Qui l'a fait ? On !
On c'est Hitler, on c'est Goebbels... C'est la racaille,

Un Laval, un Pétain, un Bonnard, un Brinon,
Ceux qui savent trahir et ceux qui font ripaille,
Ceux qui sont destinés aux justes représailles
Et cela ne fait pas un grand nombre de noms.

Ces gens de peu d'esprit et de faible culture
Ont besoin d'alibis dans leur sale aventure.
Ils ont dit : «Le bonhomme est mort. Il est dompté.»

Oui, le bonhomme est mort. Mais par-devant
    notaire
Il a bien précisé quel legs il voulait faire :
Le notaire a nom : France, et le legs : Liberté. ◆

Ce cœur qui haïssait la guerre...

■ Ce cœur qui haïssait la guerre voilà qu'il bat
    pour le combat et la bataille !
Ce cœur qui ne battait qu'au rythme des marées,
    à celui des saisons, à celui des heures du jour
    et de la nuit,
Voilà qu'il se gonfle et qu'il envoie dans les veines
    un sang brûlant de salpêtre et de haine
Et qu'il mène un tel bruit dans la cervelle que les
    oreilles en sifflent
Et qu'il n'est pas possible que ce bruit ne se
    répande pas dans la ville et la campagne
Comme le son d'une cloche appelant à l'émeute
    et au combat.
Écoutez, je l'entends qui me revient renvoyé par
    les échos.
Mais non, c'est le bruit d'autres cœurs, de millions
    d'autres cœurs battant comme le mien
    à travers la France.
Ils battent au même rythme pour la même
    besogne tous ces cœurs,

Leur bruit est celui de la mer à l'assaut des
    falaises
Et tout ce sang porte dans des millions de
    cervelles un même mot d'ordre :
Révolte contre Hitler et mort à ses partisans !
Pourtant ce cœur haïssait la guerre et battait
    au rythme des saisons,
Mais un seul mot : Liberté a suffi à réveiller
    les vieilles colères
Et des millions de Français se préparent dans
    l'ombre à la besogne que l'aube proche
    leur imposera.
Car ces cœurs qui haïssaient la guerre battaient
    pour la liberté au rythme même des saisons
    et des marées, du jour et de la nuit. ◆

Le cimetière

■ Ici sera ma tombe, et pas ailleurs, sous ces
   trois arbres.
J'en cueille les premières feuilles du printemps
Entre un socle de granit et une colonne de marbre.

J'en cueille les premières feuilles du printemps,
Mais d'autres feuilles se nourriront de l'heureuse
   pourriture
De ce corps qui vivra, s'il le peut, cent mille ans.

Mais d'autres feuilles se nourriront de l'heureuse
   pourriture,
Mais d'autres feuilles se noirciront
Sous la plume de ceux qui content leurs aventures.

Mais d'autres feuilles se noirciront
D'une encre plus liquide que le sang et l'eau des
    fontaines :
Testaments non observés, paroles perdues
    au-delà des monts.

D'une encre plus liquide que le sang et l'eau des
    fontaines
Puis-je défendre ma mémoire contre l'oubli
Comme une seiche qui s'enfuit à perdre sang,
    à perdre haleine ?

Puis-je défendre ma mémoire contre l'oubli ? ◆

L'oiseau du Colorado

■ L'oiseau du Colorado
Mange du miel et des gâteaux
Du chocolat des mandarines
Des dragées des nougatines
Des framboises des roudoudous
De la glace et du caramel mou.

L'oiseau du Colorado
Boit du champagne et du sirop
Suc de fraise et lait d'autruche
Jus d'ananas glacé en cruche
Sang de pêche et navet
Whisky menthe et café.

L'oiseau du Colorado
Dans un grand lit fait un petit dodo
Puis il s'envole dans les nuages
Pour regarder les images
Et jouer un bon moment
Avec la pluie et le beau temps. ◆

Le chat qui ne ressemble à rien

■ Le chat qui ne ressemble à rien
Aujourd'hui ne va pas très bien.

Il va visiter le Docteur
qui lui ausculte le cœur.

Votre cœur ne va pas bien
Il ne ressemble à rien,

Il n'a pas son pareil
De Paris à Créteil.

Il va visiter sa demoiselle
Qui lui regarde la cervelle.

Votre cervelle ne va pas bien
Elle ne ressemble à rien,

Elle n'a pas son contraire
À la surface de la terre.

Voilà pourquoi le chat qui ne ressemble à rien
Est triste aujourd'hui et ne va pas bien. ♦

La dame pavot nouvelle épousée

■ La dame pavot nouvelle épousée
a demandé à son mari
Quelle est l'année ?
Quel est le mois ?
Quelle est la semaine ?
Quel est le jour ?
Quelle est l'heure ?
Et son mari a répondu
– Nous sommes en l'an 40
nous sommes au mois de Juillobre
semaine des quatre jeudis
jour de gloire
midi sonné
Belle année, agréable mois,
charmante semaine, jour merveilleux
Heure délicieuse. ◆

La rose à voix de soprano

■ La rose à voix de soprano
joue la nuit du piano
Cela charme les monts et la plaine
le Rhin, la Loire et la Seine
et les fées et les sirènes
dans leurs palais de roseaux

La rose à voix de soprano
est connue même à Concarno
à Fosse-Repose et à Locarno
Et dans les faubourgs de Kovno
Et sur les plages de Bornéo
Et dans tous les châteaux à créneaux. ◆

Le carré pointu

■ Le carré a quatre côtés
Mais il est quatre fois pointu
Comme le Monde
On dit pourtant que la terre est ronde
Comme ma tête
Ronde et monde et mappemonde :
Un anticyclone se dirigeant vers le nord-ouest...
Le monde est rond, la terre est ronde
Mais elle est, mais il est
Quatre fois pointu
Est Nord Sud Ouest
Le monde est pointu
La terre est pointue
L'espace est carré. ◆

«*Je ne crois pas que l'on comprenne vraiment une œuvre sans connaître l'auteur*» (Robert Desnos)

Robert Desnos est né à Paris en 1900. Il voue une véritable passion à sa ville et mène la vie la plus simple qui soit. Son goût de la liberté le détourne des contraintes familiales et scolaires. Il se rêve «enfant libre». À l'école, il privilégie sa passion pour la littérature sans trop se soucier des autres matières. Il dessine beaucoup, lit Baudelaire, Victor Hugo et les romans populaires de Gaboriau, Eugène Sue, Ponson du Terrail… Après son brevet, il décide de quitter l'école et refuse de faire les études commerciales qui lui auraient permis de succéder à son père, mandataire aux Halles. Pour pouvoir vivre comme il l'entend, il fait toutes sortes de petits métiers, commis droguiste, journaliste, gérant d'immeuble. Entre 1933 et 1939, il exerce enfin un métier à son goût, la publicité radiophonique, alliant humour, invention verbale et participation active des auditeurs.

Desnos, qui a fait très tôt le choix de devenir poète, devient un fervent surréaliste. Dès 1922, il pratique la parole et l'écriture automatiques et s'initie aux sommeils hypnotiques. Il est cependant exclu du mouvement par Breton en 1930 pour s'être montré trop individualiste. Desnos reste fidèle à l'esprit du surréalisme, et expérimente de nouvelles formes.

Grand amoureux, deux figures dominent sa vie et son œuvre, la chanteuse Yvonne George et Youki qui nourrissent l'imaginaire du poète et prennent successivement les figures de l'étoile et de la sirène dans ses textes. Très impliqué dans son temps, Desnos, dès 1933, s'alarme de la montée du nazisme et de l'antisémitisme. Favorable au Front populaire, il soutient l'Association des écrivains et artistes révolutionnaires et participe à plusieurs numéros de la revue *Commune*. En 1942, après la rafle du Vel' d'Hiv', il entre au réseau de résistance «Agir» et procure de faux papiers à des Juifs menacés. Le 22 février 1944, il est arrêté et déporté à Buchenwald puis à Flöha, en Saxe, et meurt le 8 juin 1945, terrassé par le typhus, au camp de Theresienstadt (Terezin), en Tchécoslovaquie.

Toutes les voies du merveilleux...

La poésie de Robert Desnos, «qui fonce tête baissée dans toutes les voies du merveilleux» (Breton), transmet le pouvoir jubilatoire des jeux sur les mots, la joie de mettre à mal les expressions toutes faites et les surprises de l'imaginaire, comme en témoignent ses premiers recueils *L'Aumonyme*, *Langage cuit*, *Rrose Sélavy*. C'est à Marcel Duchamp qu'il emprunte le personnage de Rrose Sélavy (c'est la vie en rose, ou éros c'est la vie, ou...), dont il fait «l'héroïne et la clé de sentences à l'effet poétique et humoristique», emblématiques de son œuvre.

Son regard perçoit le «surréel» : le merveilleux insolite dans le réel quotidien. Peu de poètes ont ce sens du merveilleux, «c'est-à-dire du prodige rendu familier par son intrusion dans le quotidien». Desnos aime ouvrir des pistes puis s'amuser à égarer son lecteur, mais toujours avec tendresse, fantaisie et humour. Il souhaite que celui-ci participe à son plaisir d'inventer, d'associer mots et images, en devenant lui-même créateur, car selon lui, la poésie doit être faite par tous.

Ses poèmes d'amour, et ceux qu'il adresse à ses amis, sont d'une rare émotion. Hanté par les thèmes de l'amour, de la solitude, de la mort, le poète veut nous toucher par l'utilisation d'un «langage poétique à la fois populaire et exact... familier et lyrique», qui se fait de plus en plus ample et maîtrisé mais toujours ardent.

Robert Desnos est un enchanteur et un prodigieux conteur, lui-même nourri des contes et des chansons de la tradition populaire, «de leurs symboles et de leurs secrets», qui lui ont aussi inspiré de merveilleux textes pour enfants. Il aimait beaucoup écrire pour les très jeunes enfants : des fables, des chansons, des textes à la fois simples et raffinés, pleins d'humour et de fantaisie. Il a composé *La Ménagerie de Tristan* et *Le Parterre d'Hyacinthe* pour les enfants de Lise et Paul Deharme, des amis ; *La Géométrie de Daniel* pour le fils de Darius Milhaud. Enfin, *Trente chantefables pour les enfants sages*, en 1944. *La Fourmi*, poème mis en musique par Joseph Kosma et interprété par Juliette Gréco, a même donné lieu à une installation du plasticien Xavier Roux : une fourmi d'acier et de nylon, de 18 mètres de long et 4 mètres de haut, avec un canotier sur la tête! exposée à New York en janvier 2010.

Table des matières

Loi n° 49-956 du 17 juillet 1949
sur les publications destinées à la jeunesse
ISNB 978-2-07-062989-3
N° d'édition : 364495
Premier dépôt légal : octobre 2010
Dépôt légal : décembre 2019
Imprimé en Espagne par Novoprint (Barcelone)